Wenn Jesus in das Leben kommt

Christliche Gedichte

Hans – Georg Wigge

Copyright 2019 by Hans – Georg Wigge
ISBN: 9783752857306
Herstellung und Verlag: BoD – Books on Demand, Norderstedt

Inhalt:

Wenn Jesus in das Leben kommt

Matthäus 8, 23-27

Wenn Sturm das Boot zum Kentern bringt,
kann Gott dir Rettung zeigen,
denn Jesus hebt nur seinen Arm
und bringt den Wind zum Schweigen.

Wenn Leid und Trauer Gäste sind,
dann rufe nach dem Herrn,
Trost hat uns Jesus zugesagt,
er hat die Schwächsten gern.

Wenn Krankheit dich zum Zweifeln bringt,
dann strecke aus die Hand,
zu Jesus, der die Heilung ist
berühre sein Gewand.

Wenn Einsamkeit dein Herz zerfrisst,
dann bringe Gott dein Leid,
denn Jesus hört dir gerne zu,
hat immer für dich Zeit.

Wenn Hass und Zorn die Seele quält,
schwer auf dir liegt wie Blei,
dann gib´ es nur an Jesus ab,
er macht die Seele frei.

Wenn Leben dir zur Bürde wird,
die Welt zum Trümmerfeld,
dann schmiege dich in Jesus Hand,
weil er dich immer hält.

Wenn Schuld auf deinem Leben liegt,
befreie dich davon,
bring´ sie zum Kreuz auf Golgatha,
leg sie vor Gottes Sohn.

Wenn keine Hoffnung in dir ist,
dann lese Gottes Wort,
es bringt dir Zuversicht und Heil
nimmt alles Dunkle fort.

Wenn Suchen dich an Grenzen bringt,
dann greife endlich zu,
denn Jesus wartet schon auf dich,
er fragt: „Was fürchtest du?"

Wenn Jesus in dein Leben kommt
Macht Leben endlich Sinn.
Dann wirst du neue Kreatur,
dann sagst du froh: „Ich bin!"

Danke

Thessalonicher 5, 16-18

Herr, ich will dir täglich danken,
für den Aufschnitt und das Brot.
Für den Kaffee, den ich trinke,
für mein Dasein ohne Not.

Danke für den Strom, die Heizung,
danke, dass ich duschen kann,
danke für die viele Technik
und für den, der sie ersann.

Danke für das Obst, Gemüse,
danke für den Überfluss,
danke für das gute Wasser,
das ich nicht weit holen muss.

Danke für das Auto, Smartphone,
für das Ohr am Puls der Zeit,
danke für den Lohn der Arbeit,
danke für den Trost bei Leid.

Danke für die Luft zum Atmen,
für den Arzt, der Krankheit heilt,
danke für die Nächstenliebe,
die mit uns ein Helfer teilt.

Danke Herr, für weiche Betten,
für den Schlaf und für die Nacht,
danke Herr, dass auch bei Tage,
deine Liebe uns bewacht.

Danke für die Zeit des Friedens,
dass wir hier so sicher sind,
danke für die Chance der Bildung,
die es gibt für jedes Kind.

Danke Herr, für die Gemeinde,
danke Herr, für die Geduld,
danke, denn wir sind gerettet,
ganz egal, wie groß die Schuld.

Danke Herr, dass ich den Armen,
von dem Reichtum geben kann,
danke Herr, ich bin gesegnet,
dass mein Leben hier begann.

Danke Herr, für Haus und Garten,
danke Herr, für unser Land,
danke Herr, fürs Augen öffnen,
über unseren Tellerrand.

Danke für Familie, Freunde,
lasst uns täglich Zeugnis sein.
Jesus ähnlicher zu werden,
sei das Streben ganz allein.

Danke Herr, wir dürfen zeigen,
dass wir deine Diener sind,
dass wir nicht Verfolgung leiden,
wie so manches Gotteskind.

Danke Herr, für deine Worte,
aus der Bibel jeden Tag,
dass wir uns nicht sorgen müssen,
was wohl morgen kommen mag.

Danke Herr, für alle Menschen,
jeder Mensch ein Unikat,
danke Herr, dass Engel jubeln,
wenn ein Mensch folgt deinem Pfad.

Danke Herr, für unsere Rettung,
dort am Kreuz auf Golgatha.
Danke Jesus, unser Leben,
sei dein Lobpreis immerdar.

Unsichtbar

5. Mose 5,16

Sie werden nicht mehr beachtet,
von vielen als nutzlos betrachtet,
als hätten sie keinen Wert.

Auch sie waren einst voller Leben,
ihr Alltag ein Schaffen und Streben,
als Mensch unter Menschen begehrt.

Sie standen im Scheinwerferlicht,
ihr Wort hatte Wert und Gewicht,
dann langsam wurden sie alt.

Ganz langsam zur Seite geschoben,
den wichtigen Dingen enthoben,
erlahmten auch Kraft und Gestalt.

Es schwanden die Fitness, die Jugend,
des Zeitgeistes wichtigste Tugend,
es stört nur der Alten Geschwätz.

Statt von der Erfahrung zu nehmen,
begann man sich ihrer zu schämen,
doch zappelt einst jeder im Netz.

Bedenket ihr Starken und Jungen,
noch niemandem ist es gelungen,
das ewig in Jugend er harrt.

Dann sitzt du als Alter zu Hause,
dein Leben nur Leerlauf und Pause,
wenn keiner begehrt deinen Rat.

Schau in die Gesichter, die alten,
betrachte die Haut voller Falten,
auch sie waren alle sehr schön.

Beginne die Alten zu achten,
die so viel im Leben vollbrachten,
sonst wird man auch dich überseh´n.

Selig sind

Matthäus 5, 1-11

Selig sind, die Mitleid haben, sich nicht nur am Ego laben.
Selig sind, die selber denken, sich dem Zeitgeist nicht verschenken.
Selig sind, die Hände reichen, die nicht gehen über Leichen.
Selig sind, die Frieden wagen, die nicht rächen, morden, schlagen.
Selig sind, die Reinheit lieben, die nicht frönen dunklen Trieben.
Selig sind, die nicht nur nicken, in die andere Richtung blicken.
Selig sind, die selbstlos leben, nicht nach Spitzenplätzen streben.
Selig sind, die Umkehr wagen, die nach Sinn des Daseins fragen.
Selig sind, die Liebe geben und nach Jesus Vorbild leben.
Selig sind, die geben kund: Herr, dein Wort macht uns gesund!

Früchte des Geistes

Galater 5,22

Es steht ein Baum in einem Garten,
auf dessen Äpfel Menschen warten.
Sind sie im Herbst dann reif und rund
führt sie der Baum nicht selbst zum Mund.

Es liegt dem Baum in der Natur,
er wächst und er verschenkt sich nur.
Dann fällt sein Samen auf die Erde,
damit der Segen größer werde.

Ein Mensch, der stirbt, wie jener Samen
und sich bekehrt in Jesus Namen,
wird, wie der Baum, ein Segen sein,
lebt nicht mehr nur für sich allein.

Bringt reiche Frucht durch neuen Geist,
der sich aus der Bekehrung speist,
zeigt treue, Güte, Freude, Liebe,
ist nicht mehr Sklave seiner Triebe.

Übt Sanftmut, Selbstbeherrschung aus,
Geduld und Freude birgt sein Haus,
wird wie der Apfelbaum, ein Segen,
auf allen seinen Lebenswegen.

Wo Würmer einst die Frucht zerstörten,
weil Früchte nur der Welt gehörten,
da biegen sich nun alle Äste,
denn Gottes Hand gibt nur das Beste.

12

Durch Jesus Geist und seinen Dünger,
wird jener Mensch zu seinem Jünger,
bringt reiche Ernte für den Herrn,
er wächst und er verschenkt sich gern.

Die Früchte Jesus sind sehr süß,
ein Vorgeschmack vom Paradies.
Sei du der Baum im Lebensgarten
auf dessen Früchte Menschen warten.

Der neue Bund

Markus 16 1-20

Die Haare jedes Menschen hast einzeln du gezählt.
Als Zeichen deiner Liebe ein Volk dir auserwählt.
Die Pflanzen, alle Blumen, in wunderschöner Pracht,
hast du den Kindern Gottes als Gabe dargebracht.
Die Berge und die Täler schufst du mit leichter Hand,
die Meere und die Flüsse, den heißen Wüstensand.
Die Sonne und die Sterne am weiten Himmelszelt
beweisen jedem Menschen, nur du erschufst die Welt.
Du bist der Gott der Treue, liebst jedes Menschenkind,
doch Macht und Gier und Lüste, die machten Menschen blind.
So sandtest du uns Jesus für deinen neuen Bund,
er starb für unsere Sünden und tat die Botschaft kund:
„Ich bin das Brot des Lebens, ich bin das Licht der Welt,
der Weg und auch die Wahrheit, das Wort, das ewig zählt.
Ich bringe euch den Frieden und die Gerechtigkeit,
wer mich ins Leben bittet, der hat die Ewigkeit!"
Am Kreuz ist er gestorben, doch in der Osternacht,
hat er uns Kindern Gottes den neuen Bund gebracht.
Besiegt sind Tod und Teufel, getilgt die Sündenschuld,
wir dürfen auferstehen durch Gottes große Huld.

Steht auf

Sprüche 6, 9

Steht auf, beginnt für die zu beten,
die andere mit Füßen treten.
Steht auf, ihr Christen in den Ländern,
nur ihr könnt es zum Guten ändern.
Steht auf und öffnet eure Hände,
bringt dieser Welt die wahre Wende.
Steht auf, bringt Menschen Gottes Gnade,
zeigt allen Jesu Liebespfade.
Steht auf und seid das "Salz und Licht",
wie Jesus in der Bibel spricht.
Steht auf und weist auf Golgatha,
auf das, was dort für uns geschah.
Steht auf und kämpft für alle Schwachen,
um diese Welt gerecht zu machen.
Steht auf, erhebt die faulen Glieder,
schlaft nicht, kommt Jesus plötzlich wieder.
Steht auf, gebt keinen Mensch verloren,
zeigt allen: Ich bin Neugeboren.
Steht auf und lauft nicht mit der Herde,
bringt Jesus Botschaft um die Erde.
Steht auf, setzt Gott an erste Stelle
und werdet selbst zur Liebesquelle.
Steht auf, seid Zeugen für das Heil,
das allen wurde einst zuteil,
die alles Jesus übergeben
und so das wahre Leben leben.

Kainsmal

1. Mose 4, 1-16

Blutrot treiben dichte Nebel, nehmen Unschuld jede Sicht.
Manchmal locken helle Flecke, doch sie sind des Brandes Licht.
Zwischen Trümmern und Ruinen weint ein Kind vor Schmerz und Not,
grausam lachen Machthyänen, bringen Unglück, Leid und Tod.
Eiskalt schickt man die Raketen, rächt sich um der Rache Zweck,
niemals trifft man die Tyrannen, nur die Armen dort im Dreck. Gut
behütet sitzt der Führer, demonstriert, was Stärke ist, leer sind die
Verhandlungstische, weil der Tod viel schneller frisst. Mütter klagen
um die Kinder, Väter sterben im Gefecht, Töten reagiert mit töten,
schwingt sich über Völkerrecht. Wieder einmal töten Menschen, von
Despoten eingesetzt, vorher lebte man im Frieden, hasst nun, ethnisch
aufgehetzt. Jeder Tote ist ein Schicksal, jeder Mensch nur einmal da,
doch den Mächtigen der Erde geht ein Leben nicht sehr nah.
Bomben, Terror und Granaten, hinter Blasphemie versteckt, schenkt
dem Bösen reichlich Ernte, die Begehrlichkeiten weckt.
Erdenschiff im Pulvernebel, Tod steht bleich am Ruder,
zornig tönt es aus dem Himmel: „Kain, wo ist dein Bruder?"

.

Ich war hungrig...

Matthäus 25, 31-46

Knarrend öffnet sich die Tür.
Mancher denkt: „Was will der hier?"
Schüchtern kommt herein ein Mann,
hat nur alte Lumpen an.
Schon lässt mich das Glück im Stich,
denn er setzt sich neben mich,
reicht mir grüßend seine Hand
und ich rücke an den Rand.
Armut kennt man nur von Ferne,
hat man neben sich nicht gerne.
Voller Scham seh´ ich es ein,
Christ muss man auch mit Taten sein.
Der Wecker ließ den Traum dann enden,
es blieb mir nur ein Bild von Händen,
mit Wunden, wie von Nagelspitzen,
des Menschen, der bei mir wollt´ sitzen.

Bettroulette

Matthäus 6, 25-34

Es legt ein Mensch erschöpft sich hin,
nach gutem Schlaf steht ihm der Sinn.
Er schließt die Augen, deckt sich zu,
denkt: So, für heute ist nun Ruh´.

Doch kaum fällt er in leichten Schlummer,
schleicht sich heran des Tages Kummer.
Es folgen viele schwarze Zwerge,
die ihm servieren Sorgenberge.

Der Mensch wälzt sich im Bett herum,
seufzt vor sich hin und leidet stumm,
dreht sich wie´s Huhn am Hähnchengrill,
doch die Gedanken steh´n nicht still.

Jetzt läuft ihm auch noch seine Nase,
kaum putzt er sie, drückt ihn die Blase.
Er gibt dem Drücken lieber nach...
Zurück im Bett ist er hellwach.

Brennt auf dem Clo jetzt noch das Licht?
Der Mensch steht auf, er weiß es nicht,
trinkt ein Glas Wasser, geht zu Bett
und schon bohrt er das nächste Brett.

Ob wohl die Renten sicher sind?
Was bringt die Zukunft für mein Kind?
Hab ich den Herd wohl ausgeschaltet?
Wie wird mein Aktienfond verwaltet?

Wieso der Hund wohl Durchfall hat?
Wann kommt die Abrechnung der Stadt?
Verzichtet Kim-Jong-Un auf Bomben?
Was war 'n in Mathe noch mal Rhomben?

Wird Deutschland die WM gewinnen?
Warum lobt PISA nur die Finnen?
Wann war nochmal der Hochzeitstag?
War wohl der Kaffee heut´ zu stark?

Ganz viele Menschen in viel Betten
versuchen nachts die Welt zu retten
und schaffen kaum, vor lauter drehen,
den nächsten Tag zu überstehen.

Geplagt von Sorgen und von Nöten
beginnt der Mensch zuletzt zu beten.
Und Gott, der sich um jeden sorgt, sagt:
„Deine Zeit ist nur geborgt!

Nicht eine Stunde kann im Leben,
die Sorge dir an Zeit mehr geben.
Ich bin für dich der sichere Hafen...“
Der Mensch ist sofort eingeschlafen!

Unheimlicher Besuch

Psalm 90

Einst stand der Tod vor meiner Tür.
Ich fragte ihn: „Was willst du hier?"
„Dich holen, deine Zeit ist um",
so sprach er und blieb danach stumm.

„Ach gib mir noch ein wenig Zeit,
ich bin noch nicht so recht bereit",
versuchte ich mit ihm zu handeln,
um seinen Auftrag umzuwandeln.

„Ich habe noch kein Haus gebaut,
mich noch mit keiner Frau getraut,
will doch noch leben und genießen
und sehen, wie die Kinder sprießen.

Ich möchte viele Reisen machen
und feiern, tanzen, singen, lachen,
will Ruhm erlangen und viel Ehre,
Besitz anhäufen durch Karriere."

Der Tod sprach: „Heut erlischt dein Licht,
dein Jammern, nein, das hilft dir nicht,
wer auf die falschen Werte setzt,
lebt nur im Hier und stirbt im Jetzt.

Der schwimmt niemals im Liebesmeer,
hat Konto voll, doch Seele leer.
Man darf was haben, das ist richtig,
der Umgang damit aber wichtig."

„Dann bitte, lass mich doch versuchen,
mein Seelenkonto voll zu buchen,
zu lieben, helfen, trösten, teilen
und Schwachen stets zur Hilfe eilen."

So bat ich voller Angst und Not,
mit Inbrunst den Gevatter Tod.
„Zu spät", so sprach der Tod genervt,
„die Sense ist bereits geschärft.

Hör endlich auf mit dem Gebettel"
und schaute noch mal auf den Zettel.
„Entschuldigung", so sprach er dann,
„ich musste ja nach nebenan.

Es tut mir leid um deinen Kummer,
ich irrte mich wohl in der Nummer.
Das kommt bei Greisen schon mal vor,
verzeihe einem alten Tor."

Bin schweißgebadet aufgewacht
nach dieser wahren Horrornacht.
Seit jenem Traum ist mein Bestreben,
vom Tod das Leben her zu leben.

Den Wert des Tages zu erkennen,
für Jesus wahre Botschaft brennen,
ein Licht zu sein in dieser Welt,
die Gott in seinen Händen hält.

Geht zu allen Völkern

Matthäus 28, 19

Ein Mensch hält inne mit dem Streben
durch einen Schicksalsschlag im Leben,
bemerkt, egal, wie er es wendet,
dass auch sein Dasein sicher endet.

Er schaut auf seinen Reichtum hin,
dem momentanen Lebenssinn,
erkennt, wie es einst jedem geht:
Wie´s Sandkorn wird er weggeweht.

Was nützt ihm dann sein großes Haus?
Für Lebensleistung der Applaus?
Was bleibt von seiner Traumkarriere,
gibt man ihm einst die letzte Ehre?

Selbst auf dem Friedhof seine Leiche,
im Abschnitt für besonders Reiche,
mit einem Grabstein, groß und schwer,
bringt ihm am Ende gar nichts mehr.

Auch der Bolide, den er fährt,
verliert auf einmal seinen Wert.
Sein Herz ist leer, die Seele weint,
von tausend Götzen angeleint.

So schaut er sich sinnierend um
und registriert erschrocken, stumm,
in nicht mal hundertdreißig Jahren,
ist jeder hier ins Grab gefahren.

Nicht einen, derer, die jetzt leben,
wird es auf dieser Welt noch geben.
Was bleibt? So fragt der Mensch voll Trauer.
Da bricht ein Spalt in seine Mauer.

Er wird besucht von einem Christ,
der voller Hoffnung, Freude ist.
Das hat sein kaltes Herz berührt,
zu Jesus Christus ihn geführt.

Nach schweren Zeiten noch genesen,
bekam der Mensch ein neues Wesen
und lebte froh nach der Bekehrung,
zu Gottes Ruhm und der Verehrung.

Es prüfe sich ein jeder nun:
Was kann ich für den Nächsten tun?
Sei Werkzeug in der Gotteshand,
er hat uns seinen Sohn gesandt.

Erzähle Menschen von der Gnade
und zeige ihnen Rettungspfade.
Schick jeden Bettler in der Not,
zu Jesus, nur bei ihm ist Brot.

Auf Golgatha gab er sein Leben,
um uns die Sünden zu vergeben.
Trag diese Botschaft in die Welt,
die Satan in den Händen hält.

Tust du das Werk zu Gottes Ehre,
damit es seine Jünger mehre,
darfst du ein Gotteskind dich nennen
und Jesus wird dich einst erkennen.

Steht du nach Tod vor dem Gericht,
dann zählen deine Sünden nicht,
denn Jesus spricht dich dort gerecht,
sagt: „Gut gemacht, du treuer Knecht!"

Jesus 24/7

Matthäus 6,26

Täglich lasst uns froh genießen,
wie Wunder durch das Leben fließen.
Täglich lasst uns danach streben,
von den Wundern abzugeben.

Täglich lasst uns fröhlich lachen
und uns nicht nur Sorgen machen.
Täglich lasst uns dankbar sein,
für Regen und für Sonnenschein.

Täglich lasst uns lauthals preisen,
den, der uns beschenkt mit Speisen.
Täglich lasst uns Zeugnis geben,
dass wir gern in Frieden leben.

Täglich lasst uns den bekennen,
auf den wir uns verlassen können.
Täglich lasst uns Freiheit loben
und das hier nicht Kriege toben.

Täglich lasst uns Glück verteilen,
statt durchs Leben nur zu eilen.
Täglich lasst uns Liebe schenken,
statt mit Hass und Zorn zu kränken.

Täglich 24/7 wollen wir wie Jesus lieben.

Wie die Liebe wächst   Galater 6, 22-23

Liebe wächst in Zweisamkeit durch viele zarte Zeichen.
Liebe wächst, wo Menschen sich verzeihend Hände reichen.
Liebe wächst, wenn nach dem Krieg die Völker Frieden lernen.
Liebe wächst, verrosten dann die Panzer nutzlos in Kasernen.
Liebe wächst, nimmst du dir Zeit zum Spielen mit den Kindern.
Liebe wächst, wenn zwei, schon alt, gemeinsam überwintern.
Liebe wächst, wenn alles stirbt, was Egoismus heißt.
Liebe wächst, wenn dann die Welt nicht um sich selbst nur kreist.
Liebe wächst, wenn Alt und Jung gemeinsam Wege suchen.
Liebe wächst, kriegt jeder Mensch ein Stück vom großen Kuchen.
Liebe wächst, wird Trost gespendet, denen die still trauern.
Liebe wächst, reicht man sich Hände über hohe Mauern.
Liebe wächst, wenn Menschen nicht mehr nach der Farbe fragen.
Liebe wächst, gewinnt das „Wir" statt „Ich" an allen Tagen.
Liebe wächst, wenn Kinder nicht mehr ausgebeutet werden.
Liebe wächst, steht überall ein Essen auf den Herden.
Liebe wächst, wenn man bekennt: „Es tut mir wirklich leid".
Liebe wächst, sind Menschen dann zum Neuanfang bereit.
Liebe wächst, wenn auf der Welt die Waffen endlich schweigen.
Liebe wächst, wenn Jesus Jünger Wege dazu zeigen.
Liebe wächst, durch einen Blick, durch Lächeln und Umarmen.
Liebe wächst, zeigt man den Schwächsten Mitleid und Erbarmen.
Liebe wächst, wo Güte herrscht und Menschen sich vertrauen.
Liebe wächst, bist du bereit auf Gottes Wort zu bauen.
Liebe wächst, wenn jeder will, ein Stückchen Tag für Tag.
Liebe wächst, wenn man sie sucht, vom Kreißsaal bis zum Sarg.
Liebe wächst, stehst du dem Nächsten bei in Leid.
Liebe ist, was jeder braucht, beim Weg durch seine Zeit.
Liebe wächst, kommt Gottes Geist hinein ins Leben.
Liebe wächst, weil er uns lehrt, sie anderen zu geben.
Liebe wächst, wenn man sie sät und täglich sorgsam pflegt.
Liebe wächst, wenn man sein Herz in Jesus Hände legt.

Was bleibt?

Apostelgeschichte 4, 12

Was bleibt, wenn Frieden in der Welt
dem Hass und Krieg zum Opfer fällt?
Was bleibt, wenn in des Lebens Licht
die Dunkelheit der Krankheit bricht?

Was bleibt, wenn man auf Menschen setzt,
von einem zu dem anderen hetzt?
Was bleibt, wenn die Karriere stirbt
und selbst erdachtes Glück verdirbt?

Was bleibt, wenn Alter Menschen quält
und nur noch Schönheit, Jugend zählt?
Was bleibt, glaubt man der Werbung List,
dass nur Konsum das Größte ist?

Was bleibt, wenn Liebe auf der Welt,
zur Ware wird, verkauft für Geld?
Was bleibt, wenn in sozialer Welt
nur noch die Macht der Medien zählt?

Was bleibt, wenn sich ein Treueschwur
entpuppt als leere Worte nur?
Was bleibt, wird man durch Lust und Drogen
um wahren Lebenssinn betrogen?

Was bleibt, wenn Mensch Natur zerstört
und nicht der Erde Seufzer hört?
Was bleibt, wenn früh man insistiert
und Ungeborene aussortiert?

Was bleibt, häuft man nur Reichtum an,
der Leben nicht verlängern kann?
Es bleibt nur Jesus, Mensch und Gott,
der hilft, egal wie groß die Not.

Sprich ein Gebet und er ist da,
er starb für dich auf Golgatha.
Er ist der Weg, die Wahrheit, Leben,
nur er kann dir Errettung geben.

Dein altes Leben wird zerbrochen,
die Schuldvergebung dir versprochen.
Ein Gotteskind darfst du dich nennen,
lernst Gottes ganze Fülle kennen.

Und gehst du einst den letzten Weg,
ist Jesus dir der Himmelssteg,
aus Gnade hat er dich befreit,
trug alle Sünden, alles Leid.

Retter

Du bist der Fels auf den ich baue,
du bist der König dieser Welt.
Du bist der Gott, dem ich vertraue,
wenn auf mein Leben Schatten fällt.
Du bist der Anfang und das Ende,
im Dunkel leuchtet hell dein Licht.
Du schenkst uns Hoffnung und Vertrauen,
wenn diese Welt in Stücke bricht.
Du bist der Retter und Erlöser,
du trugst ans Kreuz der Menschen Schuld.
Du lässt uns täglich neu beginnen,
bist voller Güte und Geduld.
Du bist die Sanftmut und die Treue,
du bist der Anker in der Zeit.
Du Schöpfer dieser schönen Erde
trugst alle Schuld und alles Leid.
Du schufst die Sonne und die Sterne,
genialer Schöpfer der Natur,
du bist der Herr des Universums,
in allem sieht man deine Spur.
Du bist die Hand, die hilft im Elend,
du bist das Herz, das willig gibt.
Du bist der Geber neuen Lebens,
du bist der Gott, der Schwache liebt.
Du bist der Anwalt aller Sünder,
trugst willig aller Menschheit Schuld.
Du nimmst den an, der darum bittet,
unendlich schenkst du neue Huld.
Du bist als König auferstanden,
nahmst Tod den Stachel und die Macht
und hast die Menschen, die dir folgen,
auf Golgatha neu rein gemacht.
Du hast den Heiligen Geist gesendet,

wir preisen dich und beten an.
Wir wollen Zeugnis davon geben,
dass niemand sonst uns retten kann.
Komm Jesus Christus, in mein Leben,
ich lege dieses vor dich hin.
Ich danke dir für deine Gnade,
für neue Seele, Geist und Sinn.

Zurück zu den Wurzeln

Matthäus 3, 13-17

Die Botschaft Gottes wird zerlegt,
zerstampft, verstümmelt und zersägt.
Es streiten um das wahre Wort
sich Theologen immerfort.
Was letztlich zu dem Zustand führt,
der kleine Mann ist ganz verwirrt.
Die hoch studierten Kirchenleute
erhaschen damit kaum noch Beute.
Nur Gott macht meistens nicht viel Worte,
tut heut´ noch Wunder alter Sorte:
Auf einen Mensch sank eine Taube,
der sprach zwei Worte nur: „Ich glaube."

Heiligen-Schein

Lukas 6, 38

Herr W. saß in der Kirchenbank,
bei einer Predigt, fromm und lang,
sang Lobpreislieder, dass es schallt´,
voll Inbrunst und mit Urgewalt.

Vor Nächstenliebe troff die Seele,
war auch das Knien ein Gequäle,
es schmolzen betend ihm dahin,
die Missgunst, Geiz und böser Sinn.

Die Emotionen, die das weckte,
die hielten nur bis zur Kollekte,
denn W. fiel voller Schrecken ein,
im Portemonnaie war nur ein Schein.

Der Zwanziger dort in den Falten
ließ seine Liebe rasch erkalten,
er wollte gerne Geber sein,
doch nicht in Form von einem Schein!

Der Opferkorb ging durch die Reihen,
Herr W. bat Gott ihm zu verzeihen:
Zu teilen sei zwar Christenziel,
doch zwanzig Euro arg zu viel!

Der Knopftrick ging ihm durch Gedanken,
doch wies er ihn rasch in die Schranken,
die Jacke, zu Herrn W.`s Verdruss,
die hatte einen Reißverschluss.

So tauchte er die leere Hand
in jenen Korb, der vor ihm stand
und hoffte, niemand merkte dies,
dass er nur Luft daraus entließ.

Herr W., bereits am selben Abend,
mit Freunden sich beim Bier erlabend,
der schmiss zur vorgerückten Stunde
schon seine dritte Kneipenrunde.

Und siehe da, der große Schein,
noch in der Kirche schwer wie Stein,
der schwebte aus dem schwarzen Leder,
als sei er leicht wie eine Feder.

Glaubensbaum

Psalm 25

In meinem Seelengarten da blüht ein Glaubensbaum.
Er steht dort schon sehr lange, doch trotzdem wächst er kaum.
Mal trägt er viele Früchte, mal ist die Ernte klein
und schütteln ihn auch Stürme ganz geht er niemals ein.
Der Grund sind starke Wurzeln voll gottgegebener Kraft
sie holen aus dem Erdreich geweihten Lebenssaft.
In meinem Seelengarten da wächst der Glaubensbaum
und manchmal, wenn ich schlafe, schickt Gott mir einen Traum.
Das jener Baum des Glaubens viel Ableger gebiert
und wenn er einst vertrocknet zur Bank für Menschen wird,
die sich bei jedem Wetter, egal ob warm, ob kalt,
von Gott berühren lassen in seinem Glaubenswald.

Der Fall

Matthäus 26, 69-75

Gestern küsste mich der Himmel,
mich den herzensguten Mann
und ein Streben und ein Sehnen
rührte meine Seele an.

Für den Frieden, für die Liebe,
wollte ich ein Zeugnis sein,
für das Teilen und Verschenken
leuchten wie der Sonnenschein.

Doch der Tag, der darauf folgte,
war ein Tag voll Ärger nur,
vom Elan des frühen Morgen,
blieb nicht mal die kleinste Spur.

So viel Schlechtes, soviel Scheitern
war die Summe an dem Tag
und der gut gemeinte Vorsatz
lag am Abend tot im Sarg.

Danke, Gott, für helle Lichter,
die du mir im Dunkel bist
und dass Jesus für uns Sünder
dort am Kreuz gestorben ist.

Gestern küsste mich der Himmel,
mich den herzensguten Mann,
Gott sprach in mein Scheitern tröstend:
„Morgen fängst du wieder an."

Herbst des Lebens

Sprüche 16, 31

Wer weise ist, trägt graue Haare,
sie sind des Lebensherbstes Kron´.
Ein Sandkorn sind wir nur auf Erden,
kaum da und bald vergangen schon.

Der Stein, der wunderschöne runde,
wird durch die Stürme erst geformt,
auf Gipfel und durch Täler geht man,
es gibt kein Leben glücksgenormt.

Denn wo das Licht ist, fällt auch Schatten,
so ist es nun mal auf der Welt,
die Menschen, die sich niemals sorgten,
sind wohl an einer Hand gezählt.

Mit Gott als Wurzel eines Lebens,
vergehen Hader, Neid und Stolz,
denn Gott lässt Lebensbäume sprießen
und schenkt im Alter schönstes Holz.

Die Reise ist nicht immer leicht,
schau auf die schönen Seiten,
dann wird der Blick ins Lebensbuch
dir Freude oft bereiten.

Tagtäglich fröhlich weitergehen,
gelingt dem Menschen dieses Glück,
dann wirft ihn auch im Herbst des Lebens
der Sturm nicht einmal nur zurück.

Geborgenheit, Vertrauen, Liebe,
mit Jesus gehen, Schritt für Schritt,
schenkt auch im Alter ganz viel Wärme
und Gott gibt gerne Kohlen mit.

Zufriedenheit kehrt täglich ein
und ruft Gott aus der Ferne,
dann stimmst du voller Frieden zu
und sagst: „Ich komme gerne!"

Balken im Auge

Matthäus 7, 3-5

Ein Mensch entdeckt zu seinem Schrecken
bei anderen ganz viele Flecken.
Das nahm ihm die Erkenntnis weg:
Er selbst war auch ein großer Fleck.

Gaben nicht vergraben

1. Korinther 12, 1-11

Da gibt es die Beter, sie rufen zum Herrn.
Der Herr liebt Gebete und antwortet gern.
Da gibt es die Geber, sie teilen ihr Gut
und machen den Armen, den Kleinen viel Mut.

Da gibt es die Tröster, sie reichen die Hand
und wenn alle fallen, dann halten sie stand.
Da gibt es die Diener, sie arbeiten leis´
und Jesus Erlösung reicht ihnen als Preis.

Da gibt es die Sänger, sie singen ihr Lied,
was Gott voller Freude vom Himmel aus sieht.
Da gibt es die Helfer, sie helfen mit Herz,
sie lindern die Armut, die Einsamkeit, Schmerz.

Da gibt es die Schreiber, sie halten es fest,
wie Jesus der Braut Gutes zukommen lässt.
Da gibt es die Werker, sie bauen das Haus,
weil sie es für Gott tun, kommt Segen heraus.

Da gibt es die Hirten, sie hüten den Stall
und schützen vor Bösem, das droht überall.
Da gibt es die Weisen, sie sind voller Geist,
weil Gott in der Bibel die Lösungen weist.

Da gibt es die Macher, sie schreiten zur Tat,
vertrauen auf Jesus und holen dort Rat.
Da gibt es die Lehrer, sie lehren das Wort
und bringen es Menschen an jeden Ort.

Das ist die Gemeinde, von Jesus die Braut,
auf die er mit Liebe und Zärtlichkeit schaut.
Du hast eine Gabe, von Jesus geschenkt,
der damit die Braut, die Gemeinde bedenkt.

So bringe dich ein und werde ein Teil,
denn dann trägst du bei zu Liebe und Heil.

Ist Gott tot?

1. Timotheus 4, 1-4

Die Blumen und die Pflanzen flüstern dir: „Ich bin hier."
Die Tiere aller Arten flüstern dir: „Ich bin hier."
Die Berge und die Täler flüstern dir: „Ich bin hier."
Der Himmel und die Erde flüstern dir: „Ich bin hier."
Die Meere, Seen, Flüsse, flüstern dir: „Ich bin hier."
Sonne, Mond und Sterne flüstern dir: „Ich bin hier."
Die neugeborenen Menschen flüstern dir: „Ich bin hier."
Das ganze Universum flüstert dir: „Ich bin hier."
Dein Anfang und dein Ende flüstert dir: „Ich bin hier."
Nur Zeitgeistgurus, Blender säen Not, sie flüstern:
„Gott ist tot."

Frühbucher

Johannes 14, 1-3

Ich träumte, ich saß auf der Friedhofbank
und lauschte dem herrlichen Vogelgesang.
Ich spürte das Weichen von Hetze und Last,
bei jenen, dort ruhend, ich Mensch voller Hast.

Ich träumte, ich hörte in Bäumen ein Rauschen,
ein Bitten, den Worten der Toten zu lauschen.
Ich las auf den Steinen zwischen den Zeilen,
was bringt denn der Reichtum, das Gieren, das Eilen?

Ich träumte, ich hörte die Stimme, die sagt:
„Ach hätten wir vorher zu sprechen gewagt."
Ich hörte sie sagen, dort bei der Rast:
„So viele Chancen und alle verpasst."

Ich träumte, ich könnte noch Liebe ausgießen,
wo Blumen verwelken und Unkräuter sprießen.
Ich sah auf Gräbern so manches Licht,
warum nur leuchtet im Leben es nicht?

Ich spürte Verzeihen und spätes Erbarmen,
für die, die nie lernten, ein Kind zu umarmen.
Ich spürte Vergebung und innere Ruhe
und stellte mich in der Verstorbenen Schuhe.

Ich träumte, ich fand so Heilung und Frieden,
mit jenen, die wortlos, verbittert verschieden.
Ich hörte die Stimme von Gott zärtlich sagen:
„Ich war immer bei dir an sämtlichen Tagen."

Ich träumte davon, wenn ich einst ginge,
ich könnte verlassen, die Menschen, die Dinge,
weil ich im Leben das Beste versuchte
und früh bei Jesus die Wohnung schon buchte.

Jesus rettet

Matthäus 5, 38-40

Das Vakuum in Menschenseelen, wird oft mit Sucht gefüllt,
doch Alkohol und Sex und Drogen, sind nichts, was Sehnsucht stillt.
Der Mensch weiß tief in seinem Herzen, es gibt im Leben mehr,
als trinken, essen, konsumieren und Seelen, kalt und leer.
Stark spürt er eine große Sehnsucht, nach dem, was Sinn ergibt,
sucht lebenslang nach einem Wesen, das ihn unendlich liebt.
Verirrt sich in den Weltenlehren, rennt falschen Göttern nach,
wird von der Wahrheit ferngehalten, die Jesus Christus sprach.
Wo Hass ist, predigt er die Liebe, wo Trauer ist, verheißt er Trost,
heilt jede noch so schwarze Seele, in der des Bösen Wahnsinn tost.
Die Letzten setzt er an die Spitze, befreit von Sünde, Schuld und Leid,
hält dem, der um das Kleid ihn bittet, den Mantel gerne auch bereit.
Er geht mit Menschen alle Wege, wer klopft, dem öffnet er die Tür,
den neuen Bund hat er geschaffen, den Kreuzestod starb er dafür.
„Komm in mein Leben, Jesus Christus, nimm alle Schuld von mir",
sprich diese Worte ehrlich bittend, schon öffnet sich die Himmelstür.

Zeit der Stille

Offenbarung 21, 1-5

Tod, du stiller Weggefährte,
machst die Menschen hilflos, stumm.
Nimmst Rücksicht nicht auf Stand und Werte,
drehst nach Geburt die Sanduhr um.

Wirst mediale Massenware,
nach dem nächsten Werbespot
und apathisch durch die Jahre
ganz steril zum Fernsehtod.

Zwischen Hetzen, Eilen, Schaffen,
bleibt für dich wohl keine Zeit,
schlägst du zu mit deinen Waffen,
ist der Mensch fast nie bereit.

Du beendest unser Leben,
doch das ist nicht interessant,
all´ das Können, all´ das Streben,
stoppst du mit der Knochenhand.

Wirst versteckt und wirst gemieden,
Beachtung wird dir nicht geschenkt,
dein Kontakt, der wird verschwiegen,
wird verleugnet und verdrängt.

Ob obdachlos, Nobelpreisträger,
ob alt, ob jung, ob mittendrin,
bist rücksichtslos, ein Menschenjäger,
fragst nicht nach Zeitpunkt oder Sinn.

Hör den Rat, mein Menschenkind,
weil wir doch alle endlich sind:
Gib Gott dein Leben, tu das Gute,
denk an das Ziel der Lebensroute.

Der Weg, damit du nie vergisst,
wie wunderbar das Leben ist.
Was vorher dir noch wehgetan,
verkommt zur Nichtigkeit sodann.

Du wichstest neu dein Leben um,
du preist den Herrn, bleibst nicht mehr stumm.
Kein Sturm bringt dich so schnell ins Wanken,
lernst täglich neu dem Schöpfer danken.

Wirst Frieden mit dir selber finden,
den Tod ins Leben mit einbinden.
Du lernst die Trauer zu begleiten,
als Tröster in den Tränenzeiten.

Wenn man dich braucht, dann sieht man dich,
bist wahr und ehrlich mitmenschlich,
bringst Hoffnung, die die Menschen stützt,
fragst nicht, was es denn dir wohl nützt.

Und gehst du selbst den letzten Weg,
ist Jesus dir der sichre Steg,
er nimmt dich liebend bei der Hand,
er führt dich ins verheißene Land.

Lebensabend?

Jakobus 1, 27

Einsam sitzt sie in der Wohnung
und ihr Freund der heißt TV.
Leben bringt er ihr ins Zimmer,
sie kennt jeden Film genau.
Doch den Arm um ihre Schulter,
der ihr manche Tage fehlt,
kann ihr bester Freund nicht legen,
wenn die Einsamkeit sie quält.
Er ist da, wenn sie ihn braucht,
denn nur er schenkt ihr noch Zeit,
bringt die Welt in ihre Wohnung,
zeigt ihr Freude, Trauer, Leid.
Denn er ist das Tor zum Leben,
in der Stille ihrer Welt,
bringt ihr kalte Pseudowärme,
die sie täglich aufrecht hält.
Alte Menschen ohne Lobby,
abgeschoben und allein,
werden für uns junge Menschen
Spiegelbild der Zukunft sein.
Darum öffne Herz und Hände,
spende etwas deiner Zeit,
schenke das, was du für dich wünschst,
denn dein Alt sein ist nicht weit.

Ich will…

2. Korinther 12, 9-10

Ein Fels will ich sein,
der hinter dir steht,
an den du dich lehnst,
wenn gar nichts mehr geht.
Ein Baum will ich sein,
mit starkem Geäst,
mit Blattwerk, das Regen
nicht durchkommen lässt.
Ein Stern will ich sein,
der leuchtet und führt,
wenn Dunkel und Trauer
die Seele berührt.
Ein Feld will ich sein,
das Blumen dir schenkt,
die Blicke auf Schönheit
der Schöpfung umlenkt.
Ein Mensch will ich sein,
wie Gott ihn gemeint,
der nicht so oft strauchelt
und Hand reicht dem Feind.
So viel will ich sein
und bin es oft nicht,
dann trage ich Scheitern
vor Jesus, mein Licht.

Neue Kreatur

Johannes 3, 3

Was war dir wichtig und was nicht?
Was war im Dunkel und was im Licht?
Wem warst du Freund in schwerer Zeit?
Warst du zum Helfen stets bereit?

Wo hinterlässt du eine Spur?
Durch Güter und sie jagen nur?
Wie denkt man einst an dich zurück?
An einen Menschen, randvoll mit Glück?

Wird man an deinem Grabe stehen
und Auferstehung leuchten sehen?
Weiß man auf deinem letzten Gang,
er war ein Segen, lebenslang?

Nun Mensch, bedenk´ gelegentlich,
das Leben ist ein Bindestrich,
der einst auf deinem Grabstein steht,
wenn deine Zeit zu Ende geht.

Verbreite Freude, Lebenslust,
bekämpfe Hader, Streit und Frust,
verkünde Menschen Gottes Wort,
dann kommst du einst an jenen Ort,
den Jesus uns verheißen hat:
Die neue goldene Himmelsstadt!

Herzensraum

Sprüche 4, 23

Im Herzen ist ein kleiner Raum
voll Wärme, Liebe, Glück.
Dorthin sehnt sich in dunkler Zeit
ein jeder Mensch zurück.

Dort hängen Bilder an der Wand
von längst vergangenen Tagen,
an denen Freude, Frieden, Glück,
am Wegesrande lagen.

Dort hängen Bilder an der Wand
von Menschen, die wir trafen,
die unvergessen und geliebt
den Todesschlaf schon schlafen.

Dort hängen Bilder an der Wand
voll farbenfroher Pracht,
aus der die pralle Lebenslust
und helle Sonne lacht.

Dort hängen Bilder an der Wand
aus Zeiten voller Licht,
die zaubern dir in dunkler Zeit
ein Lächeln ins Gesicht.

Dort wohnt ein Geist, ein heiliger
und streichelt dich von innen,
treibt mühelos den Schmerz, das Leid,
mit sanfter Hand von hinnen.

Man findet Hoffnung, Frieden, Zeit,
man findet Trost und Mut,
am Eingang steht voll Güte Gott,
er sagt: „ Ich bin dir gut."

Atheist - **Christ** Römer 1, 20-23

Geboren - Geboren

gefroren - gefroren

geliebt - geliebt

getrübt - getrübt

gelebt - gelebt

gestrebt - gestrebt

gegangen - gegangen

vergangen - angefangen

Was wenn doch?

1.Mose 1, 1-2,4

Ratlos lebt der Mensch auf Erden,
möchte aufgeklärt einst werden.
Stammt er aus der Sternenherde
oder aus dem Staub der Erde?
Kam er einst an Land gekrochen,
nach der Zeit als Meeresrochen?
Oder ließ er sich begaffen,
zwischenzeitlich zwischen Affen?
Wieso passt auf Erden alles?
Nur durch Zufall eines Knalles?
Wer hat Raum und Zeit erschaffen?
Warum Hass und so viel Waffen?
Wer schuf Lauf von Nächten, Tagen?
Wie begann das Herz zu schlagen?
Wer sagt Pflanzen die erblühen,
sich im Herbst zurückzuziehen?
Sollten Menschen sich vermehren,
wenn die Leben sinnlos wären?
Wie kommt Böses auf die Welt?
Warum Kampf um Macht und Geld?
Die Erkenntnis ist wohl kläglich.
Irrte Darwin sich womöglich?
Sind wir doch im All allein?
Was wird nach dem Tod wohl sein?
Voller Rätsel scheint das Leben.
Oder sollt´ es Gott doch geben?

Am letzten Tag

2. Korinther 5, 10-21

Ein Engel nahm mich bei der Hand,
flog mit mir in ein fernes Land.
Von Weiten tönte Ach und Weh
aus einem blutig roten See.

Es war der See der falschen Siege,
gefüllt mit Opferblut der Kriege
und jene, die laut klagend schwammen,
die führte Mordlust dort zusammen.

Ein jeder da, der Krieg geführt,
von Leid und Elend unberührt,
ertrank, wenn seine Kraft nachließ
und man ihn unter Wasser stieß.

Doch bald schon wurde er erweckt
und wieder in den See gesteckt.
Die Hölle hielt ihn dort gefangen
in ewiglichem Todesbangen.

Der Engel nahm mich bei der Hand
und führte mich ins nächste Land.
Dort herrschte Nebel alle Zeit,
man sah nicht einen Meter weit.

Dort hörte man die Menschen irren
und Satans Ketten leise klirren,
der sich an jenen Qualen freute,
der Menschen, die rein gar nichts reute.

Sie wandern dort für alle Zeiten,
durch nebeltrübe, kalte Weiten
und niemals hört ihr Wandern auf,
das ist der Bösen Höllenlauf.

Der Engel nahm mich bei der Hand
und führte mich ins letzte Land.
Dort herrschte Sanftmut und Erbarmen,
für alle Opfer, alle Armen.

Dort saß im Saal mit goldenen Wänden,
mit Wunden an den Füßen, Händen,
Sohn Gottes, Jesus, auf dem Thron
und zahlte den Gerechten Lohn.

Dankgebet

Psalm 9, 2

Herr, ich danke dir: Für jeden Tag des Lebens,
für Möglichkeit des Gebens, für Kinder wunderbar,
für aller Menschen Schar, für wärmen unserer Herzen,
für Linderung der Schmerzen, für Liebe statt zu hassen,
für Tiere aller Rassen, für tragen unserer Schuld,
für ewige Geduld, für deine wahren Worte,
für Pflanzen jeder Sorte, für alle guten Hände,
für Hoffnung ohne Ende, für das, was war und ist,
sei Dank dir Jesus Christ.

Gottes Plan

1. Thessalonicher 5, 16-18

Ein Blümlein steht am Wegesrand,
schenkt Schönheit dieser Welt.
Es steht dort nur für einen Tag,
weil es nicht länger hält.

Am nächsten Morgen stirbt es schon,
hat seinen Sinn erfüllt,
in diesem Blümlein hat uns Gott
den Lebensplan enthüllt.

Wie Blumen soll der Mensch
der Welt auch Schönheit, Liebe bringen
und Jubellieder, wie die Vögel,
auf den Schöpfer singen.

Wir haben selber in der Hand
uns täglich zu entscheiden,
denn leben wir mit Liebe nicht,
dann bringt das Dasein Leiden.

Ein Herz, in Ketten festgezurrt,
die Macht und Geld sich nennen,
lernt nie den wirklich wahren Wert
des Menschen Freiheit kennen.

Ein Blümlein steht am Wegesrand,
es soll uns leben lehren
und jeden Tag, den Gott uns schenkt
zu danken und verehren.

Im Schneckenhaus

Psalm 146, 9

In einem kleinen Gartenstaat,
da lebte zwischen Kopfsalat,
im Schutze einer großen Hecke,
voll Wonne eine fette Schnecke.
Allein, von Pflanzen nur umgeben,
galt dem Genuss ihr ganzes Leben.
Sie nahm von allem nur das Beste
und hinterließ ein Beet voll Reste.
An einem wunderschönen Tag,
als faul sie in der Sonne lag,
kam in ihr kleines Königreich,
zwar andersfarbig, doch sonst gleich,
ein weiteres nettes Schneckentier,
mit Hunger und Salatgespür.
So ist das Leben wohl bisweilen,
wer Vieles hat, der sollte teilen.
Die Kunde von dem Wundergarten,
die lockte Schnecken aller Arten.
Es war genug für alle da,
doch Schnecke eins, die sah Gefahr.
Ihr ging es ab sofort ganz schlecht,
sie fand das Leben ungerecht,
doch war sie heut´ wie gestern satt,
was sie vor Wut vergessen hat.
Ihr Leben schien ihr nun verdorben,
vor Selbstmitleid ist sie gestorben.
Auch Menschen geht es manchmal so,
nur Materielles macht sie froh.
Geht es mal einen Schritt zurück,
zerbricht ihr ganzes Lebensglück.

Schöpfer

1. Mose 2,7

Ein Mensch nimmt einen Klumpen Ton
und legt ihn vor sich hin,
doch formt er diesen Klumpen nicht,
dann bleibt er ohne Sinn.

Ein Mensch nimmt sich ein Stückchen Holz
und legt es vor sich hin,
doch formt er dieses Holzstück nicht,
dann bleibt es ohne Sinn.

Ein Mensch nimmt sich ein Stück Metall
und legt es vor sich hin,
doch schmiedet er das Eisen nicht,
dann bleibt es ohne Sinn.

Aus Lehm erweckte Gott den Mensch
und blieb ihm immer treu,
wie sich ein Leben auch verformt,
Gott macht es gerne neu.

Er formt den Menschen durch die Zeit,
die er auf Erden steht,
durch Freude, Trauer, Lachen, Leid,
bevor er wieder geht.

Nicht einem wird die Ewigkeit
im Paradies geraubt,
der heute und den Rest der Zeit
an Jesus Christus glaubt.

Scheiterhaufen

2. Korinther 12, 9-10

Ein Mensch, der selber Christ sich nennt
und morgens noch vor Liebe brennt,
stellt fest, nicht gerade zum Erheitern,
des Menschen Welt ist voller Scheitern.

Der Arbeitsweg macht keinen Spaß,
es ist schon knapp, der Mensch gibt Gas.
Es ist zwar sonnig, klar und hell,
doch trotzdem blitzt es plötzlich grell.

Der Mensch, der ziemlich zornig ist,
(doch das gehört sich nicht als Christ),
kann einen frommen Sieg verbuchen,
denn er verhindert, laut zu fluchen.

Dann kommt er bei der Arbeit an,
steht ohne Pause seinen Mann,
nichts klappt, der Chef wird auch noch laut,
kurzum der Tag ist schwer versaut.

Beim Heimweg, Wetter, Stimmung grau,
steht er zwei Stunden lang im Stau.
Zum Überfluss platzt ihm ein Reifen,
das lässt den Mensch zum Gröbsten greifen.

Er flucht und schimpft laut vor sich hin,
nichts Gutes mehr in seinem Sinn.
Wenn ihm noch schief kommt irgendwer,
dann macht er dem das Leben schwer.

Zu Hause dann, zu später Stund´,
begrüßt ihn freudevoll sein Hund.
Er wedelt glücklich mit dem Schwanz,
vollführt den reinsten Freudentanz.

Der Mensch bat Gott an diesem Abend,
bei einem Tässchen Tee sich labend:
Herr mache mich in dieser Welt,
zu dem, für den mein Hund mich hält!

…nie tiefer als in Gottes Hand

Psalm 31

Als ich keinen Ausweg, kein Licht mehr sah,
da ließ er mich spüren, er war da.
Als ich mich verirrte, dumm und blind,
da ließ er mich spüren, ich war sein Kind.
Als ich ihn verließ, kein Wort mit ihm sprach,
da ließ er mich spüren, er geht mir nach.
Als ich mich verstrickte erneut in die Schuld,
da ließ er mich spüren, er hat Geduld.
Als ich ganz allein war, verzweifelt, gekränkt,
da ließ er mich spüren, er ist es, der lenkt.
Als ich im Leben scheiterte fast,
da ließ er mich spüren, er trägt die Last.
Wenn ich dann einst gehe, steh vorm Gericht,
dann sagt mir mein Retter: Fürchte dich nicht!

Frühling

Psalm 118, 24

Ein Sehnen wird den Menschen inne,
betört sind Seelen, Herzen, Sinne,
ganz zart beginnt das Grün zu sprießen,
den Hauch des Lebens auszugießen.

Ob Kind, ob Greis, ob Mittelalter,
ob Fisch, ob Kuh, Zitronenfalter,
zum Aufbruch drängen Kreaturen,
beim dritten Schlag der Jahresuhren.

Was trübe war, wird langsam heller,
der Mensch kommt aus dem Winterkeller,
schenkt neu Beachtung vielen Dingen,
die sonst an ihm vorübergingen.

Er singt, wie Vögel, frohe Lieder,
steht auf und trimmt die müden Glieder,
dreht sein Gesicht zum Sonnenschein,
putzt Seele, Wohnung blitzblank rein.

Schenkt jedem froh ein Frühlingslächeln,
lässt sich vom milden Wind umfächeln,
wird, was wir äußerst selten sind:
Ein liebevolles Gotteskind.

Der Sinn des Lebens

Kolosser 3, 23-24

Deine Augen können sehen,
gehst du sehend durch die Welt.
Deine Ohren können hören,
den, der Sorgen dir erzählt.
Deine Hände können geben,
dem, der bittend zu dir schaut,
deine Seele kann verbinden,
wenn sie Lebensbrücken baut.
Deine Arme können tragen,
den, der es nicht weiter schafft,
deine Füße sind Begleiter,
fehlt dem Einsamen die Kraft.
Deine Lippen können reden,
ruft ein Mensch zu dir in Not,
aber auch begleitend schweigen,
treffen sie Gevatter Tod.
Deine Taten, deine Worte,
deine Hilfe und dein Rat,
ist der tiefe Sinn des Lebens,
mit Vernunft und Fleiß gepaart.
Leb dein Leben für den Nächsten,
nutze das, was Gott dir gab,
dann folgst du erlöst dem Menschen,
der für uns am Kreuze starb.

Ein oder Anderer?

Hebräer 13, 2

Die Einen rufen: Weg mit ihnen!
Die Anderen: Kommt, lasst uns dienen!
Die Einen rufen: Fremde raus!
Die Anderen: Kommt in mein Haus!
Die Einen haben Angst um Habe.
Die Anderen ein Herz der Gabe.
Die Einen fördern die Gewalt.
Die Anderen lässt Not nicht kalt.
Die Einen schreien Hassparolen.
Die Andren gehen Hilfe holen.
Die Einen schüren Vorurteile.
Die Andren werfen Rettungsseile.
Die Einen bauen Zäune, Grenzen.
Die Andren retten Existenzen.
Die Einen werfen einen Stein.
Die Anderen, die laden ein.
Die Einen, die sind purer Hass,
die Anderen, die machen was.
Die Einen prügeln, geben Hiebe,
auf Andere schaut Gott voll Liebe.

Wasserdampf

5. Mose 31,8

Ein Mensch, der steht am Morgen auf,
die Erde zu verbessern,
mit Worten und mit guter Tat
die Dürre zu bewässern.

Das Meer zu sein an diesem Tag,
das ist sein großes Ziel,
jedoch bemerkt er schon recht bald,
ein Meer scheint viel zu viel.

Vielleicht tut es ja auch ein See,
so hat er eingeschränkt
und flugs mit weniger Elan
auf jenes Ziel gelenkt.

Doch dieses war ihm auch zu groß,
verdampfte in der Hitze,
er reduzierte noch einmal
auf eine große Pfütze.

Schon etwas später hörte er
den Misserfolg laut klopfen,
beschloss, letztendlich reicht ja auch,
ein großer Wassertropfen.

Der Mensch erkennt, mit einem Tropfen
kann er niemand locken,
beschließt, er lässt es lieber ganz -
die Welt bleibt weiter trocken.

Nur Jesus

Johannes 14, 6

Der eine hat das Pendel gerne,
der andere befragt die Sterne.
Der Dritte legt sich täglich Karten,
der Vierte findet Gott im Garten.

So mancher sucht den Lebenssinn
in Whiskey, Wodka, Kokain,
doch Glück wird dadurch vorgelogen,
zum Abgrund führen alle Drogen.

Auch Buddha ist ein Zeitgeisthit,
wer Ruhe sucht, macht willig mit.
Nirwana heißt das Ziel der Reise,
der Mensch verschwindet sinnlos, leise.

Die Götter schauen schweigend zu,
wenn Frauen kommen nach der Kuh,
auch tausendmal reinkarniert,
ist nicht, was zur Erlösung führt.

Die Energie, tief aus dem All,
vergeht in Not, wie Rauch und Schall.
New Age kann keine Antwort geben,
auf Schicksalsfragen hier im Leben.

Selbst Bibeln werden zweckentfremdet,
wenn man als Mittel sie verwendet,
die Menschen unter Druck zu setzen,
als Zeugen, die durchs Leben hetzen.

Die Krieger, die sich heilig nennen,
die feige morden, foltern, brennen,
die bringen Hass und Leid und Tod
und statt Erlösung Angst und Not.

Schamanen, Heiler, Geistbeschwörer,
Verführer, Blender, Menschbetörer,
die ködern Menschen mit viel Qualen
und lassen sich dafür bezahlen.

Doch Liebe, Mitleid, Trost, Erbarmen,
Vergebung, Hilfe für die Armen.
Erlösung von der Sündenschuld,
Befreiung, Hoffnung und Geduld.

Das alles will uns einer geben,
der für die Menschheit gab sein Leben.
Nur Jesus ist der Himmelssteg,
er sagt ganz klar: „Ich bin der Weg."

Aufstehen

Kolosser 3, 23-24

Es sitzt ein Mensch am frühen Morgen
und macht sich um die Zukunft Sorgen.
Wohin das alles wohl noch führt,
als er in seinem Kaffee rührt.

Was tun mit all den Asylanten,
die Armut unter den Bekannten,
der Einsamkeit so vieler Alten,
er denkt: Die Welt wird wohl erkalten.

Es sitzt ein Mensch am frühen Morgen
und macht sich um die Zukunft Sorgen.
Er sieht Probleme auch zu Hauf´,
trinkt seinen Kaffee und steht auf.

Begleitet erst, die zu uns kamen,
verteilt dann Speisen an die Armen,
besucht danach noch ein paar Leute,
denkt abends: Das war prima heute!

Zwei Menschen betten sich zur Ruh´,
sie machen ihre Augen zu.
Der Erste seufzt: Ein schlimmes Land.
Der Zweite nutzte Herz und Hand.

Auf dem Weg nach Bethlehem

Lukas 2, 1-20

Aus den Fenstern leuchten warme Lichter,
der Advent bringt Stille in das Haus.
Kerzen spiegeln sich in Kinderaugen,
Menschenseelen richten sich neu aus.

Leise tönt Musik, die Herzen streichelt,
Plätzchenduft erfüllt so manchen Raum.
Taumelnd rieseln weiße Flocken nieder,
machen Stadt und Land zum Wintertraum.

Endlich ist der große Tag gekommen,
die Geburt von Jesus steht bevor.
Christen preisen Gott am Heiligabend,
singen mit im großen Himmelschor.

Frieden hat der Engel uns verkündet,
Frieden, den die Welt vergeblich sucht.
Heute wollen wir den König feiern,
der mit seiner Botschaft Siege bucht.

Engel jubilieren in den Höhen,
denn das Licht der Welt ist endlich da.
Dort im Stall in Bethlehem geboren,
kommt uns Gott in seinem Sohn ganz nah.

Jesus wird in unsrer Runde sitzen,
mitten unter uns will er heut´ sein.
Ladet alle Kranken, alle Armen,
auch zu diesem großen Fest mit ein.

Heute kam der Schöpfer zu uns Menschen,
zeigte uns, wie wichtig wir ihm sind.
Tragen wir die Botschaft um die Erde,
die uns brachte Jesus, Gottes Kind.

Last Minute

Apostelgeschichte 2, 21

Es ist die letzte Stunde,
du bist des Todes Kunde
und all´ dein Ruhm, dein Sein,
nützt nichts, du stirbst allein.
Die dir am nächsten stehen,
die können nicht mitgehen,
sie können nur begleiten
in jenen letzten Zeiten.
Das Hadern und Versagen
hat Gott mit dir getragen,
trotz Trauer und trotz Leiden,
bot er uns grüne Weiden.
Du wechselst nur die Seiten
und es wird dich begleiten,
ein Engel Hand in Hand,
in das gelobte Land.
Wie Jesus uns verspricht,
er ist das Lebenslicht.
Er war, er ist, wird sein,
er lässt uns nie allein.

Feiert Jesus (Sinn der Weihnacht)

1. Thessalonicher 5,16-18

Lasst die Maschinen schweigen,
schließt die Geschäfte ab,
zieht an die feinste Kleidung,
der König kommt herab.

Lasst Weltenlärm verstummen
und lauscht der Jubelschar,
die Engelschöre preisen
den Schöpfer immerdar.

Lasst alles stehen, liegen
und macht euch auf den Weg,
behindern euch auch Schluchten,
geboren ist der Steg.

Lasst die Probleme ruhen
und feiert stille Nacht,
denn der die Dinge regelt
ward heut´ zur Welt gebracht.

Lasst Sucht nach Ruhm beiseite
und treibt nicht Völlerei,
denn das ist sinnentstellend,
nur Jesus macht euch frei.

Lasst Handyton verstummen,
die IPods stellt auf still,
weil Gott in dieser Stunde
euch Liebe bringen will.

Lasst biegen sich die Tische,
doch nicht im eignen Haus,
teilt, was der Herr uns schenkte,
mit offenen Händen aus.

Lasst feiern uns den Abend,
der wirklich heilig ist,
damit die Welt den Grund nicht,
konsumverwirrt vergisst.

Lasst Gott uns Ehre bringen
mit Herz und Mund und Hand,
denn heute hat der Schöpfer
Erlösung uns gesandt.

Runderneuerung

Matthäus 26, 53

Wie im Herbst die dunklen Wolken, trüb, verhangen, schwermutsvoll,
fühlst du dich an manchen Tagen, sagt dein Lebensprotokoll.
Bist ganz still in dich versunken, in der Welt voll Plagen
und ganz einsam drehst du Runden, hast der Welt nichts mehr zu sagen.
Grübelst viele schwarze Stunden, drehst dich immer nur im Kreis,
ohne Enden leckst du Wunden, versinkst ins Lebensmoor ganz leis´.
Und die Schönheit dieser Erde, alle Farben, alle Pracht,
gehen ungenutzt vorüber, ohne Licht für deine Nacht.
Gott erschuf dich für das Leben, ihm zum Lobe und zur Ehr.
Wer um seine Hilfe bittet, dem schickt er ein Engelsheer.

Freundschaft

Johannes 15, 13

Ein Freund ist im Leben ein riesiges Glück,
im Puzzle der Menschheit ein seltenes Stück.
Dem Freund, dem ist kein Abgrund zu tief,
er führt dich durch Klippen, zerklüftet und schief.
Ein Freund, der ist im Leben der Trost,
wenn durch die Idylle ein Unwetter tost.
Dem Freund, dem ist kein Weg zu weit,
er ist dir ein Tröster bei Schmerzen und Leid.
Ein Freund, der muss auch mal unbequem sein,
doch lässt er im Notfall dich niemals allein.
Ein Freund ist Oase in trockener Zeit
und hält für die Dürre den Regen bereit.
Ein Freund bleibt in schweren Zeiten bei dir
und öffnet der Hoffnung aufs Neue die Tür.
Ein Freund ist verschwiegen wie ein Tresor
und hält dir den Spiegel der Eitelkeit vor.
Ein Freund geht mit dir durch sonnige Zeit,
denn Lachen und Freude sind schöner zu zweit.
Ein Freund steht dir bei, wenn der Tod dich berührt,
begleitet den Weg, der zum Himmelreich führt.
Ein Freund ist im Leben dir Fuß, Herz und Hand,
wohl dem, der auf Erden nur einen fand.

Seelenpflege

Markus 9, 23

Es reiben sich die Menschen auf
in vielen kleinen Fehden,
vergessen auf dem Trümmerfeld:
Gott schenkte uns einst Eden.

Die Kleinigkeiten machen krank,
vergiften unser Sein.
Statt Brot dem Nächsten anzubieten,
ergreifen wir den Stein.

So jagt die Welt nach Nichtigkeiten,
vergöttert falsche Schätze,
doch fragt die Seele nach dem Sinn
verstummen Antwortsätze.

Der Zeitgeist predigt Schönheitswahn,
man soll den Körper stählen,
doch wenn man nur die Körper pflegt
verhungern bald die Seelen.

Den Mensch, der sich zum Himmel streckt,
und sei es kurz vorm Ende,
erwartet in der Ewigkeit
der Gott der sanften Hände.

Man nehme

Epheser 4, 2

Nimm dir jeden Tropfen Glück
und lass´ ihn durch die Kehle fließen,
im Leben gibt´s kaum einen Becher
drum lerne den Moment genießen.

Nimm die Gottesgabe Liebe
und nutze sie zum Seelen wärmen,
sie ist der wahre Weg zum Frieden
bei allem Hetzen, Streben, Lärmen.

Nimm die Zeiten tiefer Stille
und lasse sie tief in dein Herz,
denn durch die Oase Ruhe
besiegst du Kummer, Leid und Schmerz.

Nimm die milde Gabe Mitleid
und öffne gebend deine Hände,
denn das Schenken sammelt Schätze,
wie schnell ist doch dein Weg zu Ende.

Nimm dir eine Handvoll Demut
und widerstehe Eitelkeiten,
denn Erste werden Letzte sein
beim Weg durch Erdenzeiten.

Nimm die Zeiten voller Trauer,
lasse zu und werde heile,
keine Wunde, kein Verlust
vernarbt durch große Eile.

Nimm ein Stück von Jesus Sanftmut
und bringe Frieden in die Welt,
denn tagtäglich stirbt die Unschuld
bei dem Kampf um Macht und Geld.

Das Petrussyndrom

Matthäus 26, 69-75

Ein Mensch, der folgte Jesu Wort
und mühte sich in einem fort,
die Wege und das Ziel zu sehen,
um diese Welt gerecht zu drehen.

Doch trotz des Menschen guten Strebens
versagte er im Kampf des Lebens,
sank mit in Sümpfe voller Lügen,
begann zu täuschen und betrügen.

Bald trug er Masken aller Arten,
die seine Nächsten täglich narrten
und wechselte den Sinn und Ton
wie Farben das Chamäleon.

Die Fahne hing er in den Wind,
war bald für Leid und Unrecht blind,
ging mit dem Zeitgeist alle Tage,
stand auf dem schweren Teil der Waage.

Der Mensch, der Jesus folgen wollte
und den der Alltag überrollte,
hört plötzlich, und beginnt zu sehen,
den Hahn der Falschheit dreimal krähen.

Ab da beginnt er sich zu trauen
sein Leben völlig umzubauen
und wird, wie Jesus einst verkündet,
der Stein, auf den die Kirche gründet.

Befreiung

1. Korinther 13, 4-5

In einem Strudel, voller Stolz,
da drehte sich ein Stückchen Holz.
Es drehte sich tagaus, tagein
nur um sich selbst und blieb allein.
Ein Kind, das kühles Nass genoss,
gab jenem Holzstück einen Stoß.
Da wundert sich das Holzstück sehr
und sieht, es gibt im Leben mehr,
als immer um sich selbst zu kreisen,
statt Nächstenliebe zu beweisen.
Wer aus dem Strudel sich befreit,
wird Eckstein für die Christenheit,
der hadert mit dem Schicksal nicht,
verbreitet in der Welt nur Licht
und schwimmt ganz ohne Überdruss
erlöst in Gottes Lebensfluss.

Wenn ich nicht…

2. Petrus 3, 9

Wenn ich nicht Ruhm und Geld nachjagte,
wie viele Junge und Betagte,
dann könnte ich nicht täglich "surfen",
die "Freunde" stets bei Facebook nerven,
nicht stundenlang TV-Soaps schauen,
nicht ständig an das Haus anbauen,
nicht durch Geschäfte Geld vermehren,
nicht Kaviar und Lachs verzehren,
nicht auf das neue Auto sparen,
nicht dreimal in den Urlaub fahren,
nicht täglich meinen Körper stylen,
nicht sammeln viele Bonusmeilen,
nicht Apps benutzen, twittern, mailen,
mich nicht im Fitnesscenter quälen.
Nein, nein, es tut mir wirklich leid,
dann hätte ich ja viel mehr Zeit
um mit Senioren froh zu singen,
um Zeit mit Armen zu verbringen,
um Kindern etwas vorzulesen,
um Kranken helfen zu genesen,
um Hand zu halten den Betagten,
um aufzuhelfen den Verzagten,
um Trost zu spenden, dem, der trauert,
um zu befreien, den, der mauert,
um unseren Überfluss zu teilen,
um Spaß zu bringen und zu heilen,
um da zu sein in allen Nöten,
um voller Dank zu Gott zu beten.

Der kleine Lord

Apostelgeschichte 20,35

Ein Mensch, ein Griesgram schlimmster Sorte,
benutzte viele böse Worte,
erzeugte Kummer, Not und Leid
und endete in Einsamkeit.

Ein Bettler saß auf einer Straße,
der Mensch ging auch durch jene Gasse
und legte voller Übermut,
2 Euro in den alten Hut.

Der Arme sprach: „Recht vielen Dank,
Gott segne sie ihr Leben lang,
es gibt nicht viele nette Leute,
auf einen davon traf ich heute.“

Dem Menschen mit der rauen Schale
ging Sonne auf zum ersten Male.
Die Worte haben ihn verwandelt,
sodass er liebevoll nun handelt.

Schon bald verschwand sein Seelenschmerz,
er öffnete die Hand, das Herz
und wurde, vorher kalt und blind,
ein liebevolles Gotteskind.

So wertvoll können Worte sein,
wer sie auch spricht, ob Groß, ob Klein.
Es war, wie einst beim kleinen Lord,
Verwandlung durch ein gutes Wort.

Carpe Diem

Markus 8, 36

Nutze jeden neuen Tag, den der Herr dir schenkt,
achte auf die Herrlichkeit, mit der er uns bedenkt.
Morgen ist der Tag vorbei, der heute vor uns liegt,
erkenne die Einmaligkeit, bevor der Alltag siegt.

Schiebe nicht auf später auf, tu das Gute gleich,
triffst du Armut irgendwo, mach sie gebend reich.
Glaube, Hoffnung, Liebe begleite deinen Weg
und über tiefe Wasser sei du der starke Steg.

Gott spricht: Wo dein Herz ist, befindet sich dein Schatz,
vernichte nicht durch Götzen den gottgeweihten Platz.
Reich macht nicht zufrieden, zufrieden macht dich reich.
Liebe macht die Herzen für Jesus Worte weich.

Sei helles Licht in dieser Zeit, die Dunkelheit umgibt,
dann gibst du Zeugnis auf der Welt, wie uns Gottvater liebt.

Eine Welt

Römer 1, 20

Sonne, du scheinst über jeden,
rot und gelb und schwarz und weiß.
Wind, du bläst für alle Menschen,
fragst nach Wert nicht oder Preis.

Regen, tränkt die ganze Erde,
fällt auf Pflanzen, Menschen, Tier.
Gott gab alles für uns alle,
doch wir sagen ich statt wir.

Wunderbarer Kreis der Dinge,
Schöpfers Plan ist überall,
von der dicken, fetten Spinne,
bis zum schönsten Bergkristall.

Öffne weit das Wunder Auge,
brauchst kein Wissen und kein Geld.
Gott schuf einst für uns die Erde,
er sprach: Mensch, nimm dir die Welt.

Deshalb ist die Frage müßig:
Was lässt Gott nur alles zu?
Menschen machen Katastrophen,
schuldig bin auch ich, bist du.

Jedes Ding ist Sinn erfüllend,
doch zum Raubbau nicht bestimmt,
Gottes Wort zeigt dem die Lösung,
der die Bibel wichtig nimmt.

Als er diese Erde schöpfte
und uns dann gewähren ließ,
war sie voller schönster Dinge,
doch wo blieb das Paradies?

Menschenkette

Römer 2, 1-16

Hand in Hand steht Mensch an Mensch
und betet für die Welt.
Schwarz und weiß und gelb und rot,
weil nicht die Farbe zählt.
Wenn die Nacht kommt, sieht man nichts,
spürt nur des Nächsten Hand,
es gibt keine Länder mehr,
nur ein großes Land.
Gott schuf diese Welt für uns,
Jesus macht uns frei,
sagte uns in seinem Wort,
was das Größte sei.
Gott mit ganzem Herzen lieben
und die Menschenschar.
Wenn die Menschen das befolgen,
wird der Frieden wahr.
Dann kommt Liebe auf die Erde,
Menschheit teilt ihr Gut.
Taten sind das Wichtige,
weil Liebe ist, was Liebe tut.

Winterabend

Psalm 23,1-2

Mit Schnee bedeckt ruht Land und See,
der Wald steht splitternackt,
mit eisig kaltem Atemhauch
hat Winter zugepackt.

Im Hause wärmt des Holzes Glut,
Gemütlichkeit kehrt ein,
ein Mensch, der von der Arbeit ruht,
genießt des Feuers Schein.

Der Tag neigt schon zum Ende sich,
ein letztes schwaches Winken,
die Nacht verdrängt das Tageslicht,
die Sonne muss versinken.

Voll Frieden schaut ein Mensch hinaus,
was mag er gerade denken,
lässt er von Gottes Paradies,
ein kleines Stück sich schenken?

Auch innerlich mit heißem Tee,
will er sich gleich beglücken,
baut zwischen Eis und Sturm und Schnee,
zu seinem Schöpfer Brücken.

Es wirkt erquickend und erlabend
die Muße zu genießen,
an einem langen Winterabend
sich lesend hinzugießen.

Vor den Kamin, der prasselnd wärmt
und Dankbarkeit erzeugt,
bei jenem Mensch, der seinen Kopf
vor Gott dem Geber beugt.

Nimm so von jeder Jahreszeit
ein Stück mit in dein Leben,
lass deine Seele einmal frei
und halte ein mit Streben.

Sei dankbar für den Reichtum
und öffne deine Hand,
zur Hilfe für den Nächsten
im weit entfernten Land.

In der Himmelswerkstatt

Lukas 2, 14

Englein sausen hin und her,
niemand spielt die Harfe mehr.
Körbeweise kommt die Post
von jedem Kind, aus West und Ost.
Kinderwünsche zu erfüllen
ist der Himmelswerkstatt Willen.
Das ist schwer, wie man wohl weiß,
denn jedes Ding hat seinen Preis.
Bei Kindern aus den reichen Ländern,
muss selten man die Wünsche ändern,
Smartphone, Lego, Barbiepuppen,
sind Renner aus dem Himmelsschuppen.
Ganz anders sehen Wünsche aus,
in Zelten, Hütten, Wellblechhaus.
Mal einmal richtig satt sich essen,
die täglich große Not vergessen.
Ein Spielzeugauto, einen Ball,
ein Leben führen, ganz normal.
Kein Krieg, dass Waffen endlich ruh´n,
dass Menschen nicht mehr böses tun.
Die Engel machen sich daran
und fangen zu beraten an.
Für jeden ein gerechtes Leben?
Es muss doch eine Lösung geben.
Ein Engel, der besonders schlau,
der trifft ins Schwarze haargenau:
Die Botschaft Jesu braucht die Welt,
nicht Reichtum, Luxus, Jagd nach Geld.
Barmherzig sein, den Nächsten lieben,
sanftmütig kämpfen für den Frieden.

Teilen, helfen, Not verhindern
und durch das Geben Elend mindern.
Die Menschen in den reichen Ländern
können nur die Lage ändern.
Wenn jedem Kind, das alles kriegt,
auch ein Teil weniger genügt
und wir das Opfer umverteilen
kann Jesus Wort die Menschen heilen!
Versuch es auch, mein liebes Kind,
weil wir doch Gotteskinder sind,
zeig, dass wir nicht für uns nur leben
und von dem Reichtum gerne geben,
dann werden alle Gaben dein,
von Gott ganz reich gesegnet sein.

Auf Jesus Spuren

Hebräer 12, 2

Aus jedem Knopfloch soll die Liebe Jesu leuchten,
bei jeder Tat soll seine Handschrift deutlich sein,
an unsren Werken soll man Jesu Weg erkennen,
denn ihm gebührt die Ehre ganz allein.

In Dunkelheit lasst uns die hellen Lichter bringen,
bei Trauer lasst uns Trost, und Ohr, das zuhört, sein,
durch unsre Worte soll man Jesu Stimme hören,
denn ihm gebührt die Ehre ganz allein.

Den Kindern lasst uns Herz und Hände geben,
Begleiter auf dem Weg ins Leben sein,
denn Jesus lässt die Kinder zu sich kommen
und ihm gebührt die Ehre ganz allein.

Wo Unrecht ist lasst uns den Schwachen Stimme geben,
bei Armut lasst uns Hand und Geber sein.
Denn unser Reichtum ist von Gott geliehen
und ihm gebührt die Ehre ganz allein.

Das Kreuz des Heils soll uns durch das Leben leiten,
es soll uns Ansporn, Hoffnung und Gewissheit sein,
dann gehen wir den letzten Weg in Jesus Spuren,
denn ihm gebührt die Ehre ganz allein.

Der Weg

2. Korinther 5, 17

Mensch, wohin geht deine Richtung?
Mehr zum Schatten, mehr zum Licht?
Manchmal mahnt uns jemand leise,
doch man lauscht der Stimme nicht.

Jedem ist die Wahrheit inne,
von Gott ins Herz hineingelegt,
doch die Stürme unsrer Sinne
haben sie schnell weggefegt.

An den Brüchen eines Lebens,
sehen wir im Rückblick ein,
meistens wehrt man sich vergebens,
nichts wird ungeschehen sein.

Nur im Leid und kurz vorm Ende,
einsam, hilflos, tief betrübt,
hebt der Mensch zu Gott die Hände,
hofft, dass er auch ihm vergibt.

Dieser Gott, als Mensch geboren,
ging durch Liebe, Trauer, Schmerz,
niemand gibt er je verloren,
öffnet Arme, Seele, Herz.

Täglich darf ich neu beginnen,
denn am Kreuz starb meine Schuld,
ließ ich Chancen auch verrinnen,
nie verliert Gott die Geduld.

Jesus können wir vertrauen,
denn sein Geist gibt uns sein Wort,
er ließ schon die Wohnung bauen,
Paradies heißt jener Ort.

Stille Stars

Lukas 6, 38

Alle die, die Kranke pflegen,
die auf Schultern Hände legen,
die ein nettes Wort verteilen,
selbstlos still zu Hilfe eilen,
die, die geben ohne Lohn,
folgen Jesus, Gottes Sohn,
für mehr Nächstenliebe werben,
die begleiten, auch beim Sterben,
die den Blick für Leid bewahren,
kalte Welt durch Wärme klaren,
ohne Blick auf Ruhm und Geld,
ihr seid die wahren Stars der Welt.

Himmelwärts

2. Moses 22,20

Siehst du die Machtlust der Führer,
diesen Dämonen der Nacht?
Sie haben haltlose Menschen
zu pervertierten gemacht.

Siehst du die Hand, diese kleine,
die Vaters Hand fest umfasst?
Siehst du die Scham jenes Vaters,
der seine Ohnmacht so hasst?

Siehst du die Wölfe im Schafspelz,
sie bringen Hass in die Welt.
Siehst du sie mit ihrem Mantra:
Angst um Besitz und um Geld.

Siehst du die Tränen der Mutter,
wenn ihr die Seele zerreißt?
Siehst du sie weinend am Gitter,
das ihre Hoffnung abweist?

Siehst du die pöbelnden Menschen,
was haben sie schon getan?
Sie kamen ohne ihr Zutun
hier im Schlaraffenland an.

Siehst du die Menschen am Feuer,
aus einem Land, kriegsentweiht?
Siehst du die Endzeitpropheten,
geifernd zur Hetzjagd bereit?

Siehst du den braunen Gesellen,
Seele verkümmert und klein?
Er will durch Hass und durch Hetze,
wieder ein Herrenmensch sein.

Siehst du das Sterben der Würde
und wie Gemeinschaft zerfällt?
Siehst du die Angst vor dem Fremden
und Egoismus der Welt?

Siehst du die Menschen auf Booten,
verarmt, verjagt, auf der Flucht?
Siehst du den Blick voller Flehen,
dessen, der Schutz bei uns sucht?

Siehst du die Meister der Zwietracht,
die auf Europa ausstrahlt?
Wieder das Menschsein entwertet,
wieder die Armut, die zahlt.

Hörst du das Lachen der Kinder,
von der Bedrohung befreit?
Siehst du das Glück in den Augen,
hinter dem Schleier aus Leid?

Willst du die Zukunft verändern,
öffne die Seele, dein Herz.
Wachsen dem Herzen noch Hände,
dann wächst die Welt himmelwärts.

Teilen

Lukas 21, 1-4

Au dem Tisch steht frisches Brot, Saft und Wurst und Käse.
Gleich daneben liegt die Zeitung, die ich gerne lese.
Wohlig warm ist meine Wohnung, draußen tobt der Sturm,
nichts fehlt mir zu meinem Glück, hier im Wohlstandsturm.
Selbstverständlich ist das Auto, Spiel und Spaß im Leben.
Kinder, Frau, die Arbeitsstelle, was kann mehr mir geben?
Jeden Tag gefüllte Tische, klares Wasser trinken,
alle Freuden dieser Welt, ließ der Herr mir winken.
Aber Danken oder Geben, fällt uns oft sehr schwer.
Denn wer viele Dinge hat, der will immer mehr.
Manchmal, wird mir das bewusst, muss ich mich sehr schämen,
dass wir jeden Tag, statt teilen, ohne Demut nehmen.
Das wir schimpfen, uns beschweren, über Last im Leben,
statt von dem immensen Reichtum Krümel abzugeben.
Nächstenliebe kann das heilen, doch der Egoismus stört,
schließen wir nicht unser Herz, dass die Worte Jesu hört.
Lernen wir von ihm, zu geben, Herrscher, König dieser Welt,
der das Opfer eines Armen für das allergrößte hält.

Zweifel

Johannes 20, 24-29

Ein Zweifel trat auf seinen Wegen,
dem, was Natur bezeugt, entgegen
und schlich auf heimlich leisen Sohlen,
in Hirne, um sie umzupolen.

„Du glaubst an Schöpfung, dummer Tor?
Du machst dir selber etwas vor",
rief er in Hirnzellkatakomben,
warf in Erkenntnis Zweifelsbomben.

Die Hoffnung schmiss er unverfroren
mitsamt dem Frieden aus den Ohren
und Ruhe und Gelassenheit,
wich Angst vor Elend, Not und Leid.

Dann holte er sich die Frau Leere,
damit sie noch mehr Zweifel mehre.
Sie zeugten Kinder, so ging hin,
die Antwort auf den Lebenssinn.

Der Mensch, noch grad ein guter Christ,
mutierte fast zum Atheist,
beschloss, der Spieß wird umgedreht
und schickte Gott ein Stoßgebet.

Gott kannte ja die Menschenschar
und war, wie immer, für sie da,
denn jeden muss er, bis zuweilen,
schon mal von großen Zweifeln heilen.

Er sandte seinen Kammerjäger,
den Engel namens Hoffnungsträger,
der hat am Himmel aufgezogen
als neuen Bund den Regenbogen.

Mächtig in den Schwachen...

Matthäus 25, 31-46

Die Frau auf dem Bahnhof, die Pfandflaschen sucht.
Der psychisch Erkrankte, der zetert und flucht.
Das Kind, das in Schmutz und in Dreck leben muss.
Der Einsame, der mit dem Leben macht Schluss.
Der Embryo, dem man das Leben verwehrt.
Das Straßenkind, das niemals Liebe erfährt.
Die Mutter, die Kinder alleine erzieht.
Der Junkie, der keine Zukunft mehr sieht.
Der Fremde, der sich bewirbt um Asyl.
Der Kindersoldat ohne jedes Gefühl.
Die Kleinen, von Pädophilen beschmutzt.
Die Sklaven, von Großgrundbesitzern benutzt.
In allen schaut Jesus uns mahnend an
und fragt: „Was habt ihr für diese getan?"

Das Land Egoist

Philipper 2, 3

Im Land, in dem Milch und Honig floss,
befanden vier Einwohner sich,
sie schwelgten dort im Überfluss und hießen
Ich, Meiner, Mir, Mich.

Zwei Worte, die kamen dort niemals vor,
die Worte „Liebe" und „Gott"
und bald schon schmiedeten drei voller Hass,
einen mörderischen Komplott.

Drei Menschen hatten nun noch mehr Besitz
und bald war die Freundschaft vorbei,
zwei meuchelten den dritten im Bunde dahin
und frönten der Aasfledderei.

Zwei Menschen, die nannten ihr Land „Egoist"
und versprachen sich, friedlich zu sein,
doch letztlich kam es zum grausamen Kampf
und übrig blieb einer allein.

Ein Mensch im Lande von Honig und Milch,
der krönte zum Gott selber sich,
doch nachts schon klopfte der Tod auch bei ihm,
so ging es Ich, Mir, Meiner, Mich.

Ein wenig für alle und niemand am Rand,
so hat Gott uns Menschen gemeint,
denn dann heißt es Dir, Deiner, Du, Dich,
was Menschen in Liebe vereint.

Zwiesprache

1. Chronik, 16, 34

Für den Kaffee, den ich trinke, dank ich dir
und den Hopfen, den du schenkst für kühles Bier.
Für den Kuchen, den ich esse und die Sahne,
für den Apfel, die Orange, die Banane.
Für das Auto, das ich fahre, für mein Geld,
für das Haus in dem ich wohne, für die Welt.
Für die Menschen, die ich kenne, für die Pflanzen,
für die Musik, für das Singen, für das Tanzen.
Großer Gott ich kann mit danken gar nicht enden,
denn du gibst mit Liebe und mit vollen Händen.
Wenn wir Menschen nichts mehr von dir wissen wollen
und bei Leid und Unglück deinem Namen grollen,
frage ich, was wir denn für ein Leben hätten,
würdest du am Band uns halten wie die Marionetten.
Nur durch unsre Hände kannst du Leiden heilen,
nur durch unsre Hände großen Reichtum teilen,
drum verzeih, dass wir so oft die Schuld dir geben
und wir selber blind für unsre Nächsten leben.

Vorurteile

Lukas 6, 37

Ach, was ist das für ein Christ,
der immer so verschlossen ist.
Er redet nicht, er sitzt dort nur,
von Christenfreude keine Spur.

Ganz teilnahmslos, so schaut er drein,
so kann ein Christenmensch nicht ein,
er lächelt nie, er singt nicht mit,
er scheint nicht in der Bibel fit.

Er nimmt nicht an Gemeinschaft teil,
wahrscheinlich sucht er nur sein Heil
und ist die Messe gerade aus,
verlässt er schnell das Gotteshaus.

Ein Freund, dem ich all´ das erzählte
und dabei böse Worte wählte,
der stieß mein Weltbild ganz schnell um,
der „schlechte Christ" war taub und stumm.

Seelenmeertaucher

Jesaja 60, 1-3

Es taucht ein Mensch im Seelenmeer,
um Leben zu begreifen
und jede Seele, die er trifft,
lässt ihn ein Stückchen reifen.

Da gibt es Seelen, klein und neu,
in vielen bunten Farben,
doch Seelen, selber nie geliebt,
die lassen jung sie darben.

Da gibt es Seelen, kalt und grau,
die könnten Hilfe bringen,
doch Chorgesang ist ihnen fremd,
sie wollen Solo singen.

Da gibt es Seelen, zart und fein,
die Friedensworte sprechen,
doch Seelen, grausam abgestumpft,
die wollen sie zerbrechen.

Da gibt es Seelen, liebevoll,
die kämpfen für die Armen,
doch Seelen voller Hass und Gier,
die kennen kein Erbarmen.

Da gibt es Seelen aus Beton,
die lassen sich nicht nahen,
doch nur, weil sie im Leben nie
ihr eigenes Elend sahen.

Da gibt es Seelen, alt und krank,
das Ende abzusehen,
doch Seelen voller Menschlichkeit,
die jeden Weg mitgehen.

Da gibt es Seelen, reich und schön,
die Armut niemals kannten,
doch die durch ihre Drogensucht,
schon bald sehr jung verbrannten.

Da gibt es Seelen, leidgeprüft,
die steile Wege gingen
und trotzdem voller Lebenslust,
das Lob des Schöpfers singen.

Der Taucher, dort im Seelenmeer,
will Nächstenliebe lehren
und durch sein Wort und seine Tat,
Gerechtigkeit vermehren.

Er liest im Buch, das Gott ihm gab,
erkennt das wahre Leben
und möchte vom Erfahrungsschatz
dem Nächsten weitergeben.

Er taucht im Meer ein Leben lang,
nutzt klug den Tiefenmesser
und hofft, dass er am Ende sieht:
Die Welt wird etwas besser.

Spötter der letzten Tage

Petrus 2, 3-4

Auf der Bühne steht ein Mensch,
schleudert Hohn und Spott,
auf die Bibel, auf die Christen,
auf den großen Gott.

Und die Welt, sie applaudiert,
jubelt, jauchzt und lacht.
Satan fühlt sich pudelwohl,
freut sich seiner Macht.

Auf der Bühne steht ein Mensch,
spricht vom "Gotteswahn",
lässt die Menschen für den Ruhm
in den Abgrund fahr´n.

Und die Welt, die applaudiert,
jubelt, jauchzt und lacht,
sieht nicht das Dämonenheer,
das auf den Weg sich macht.

Auf der Bühne steht ein Mensch,
verhöhnt den Menschensohn,
suhlt sich in der Blasphemie
für den Weltenlohn.

Und die Welt, sie applaudiert,
jubelt, jauchzt und lacht,
nur die Engel sind bestürzt
über so viel Nacht.

Auf der Bühne steht ein Mensch,
fürchtet kein Gericht,
willig folgt ihm seine Schar,
scheut das wahre Licht.

Und die Welt, die applaudiert,
jubelt, jauchzt und lacht,
denn der Teufel ködert jeden,
der nicht ständig wacht.

Auf der Bühne stand ein Mensch,
er war Gottes Sohn,
nahm die Schuld der Menschen weg,
trug der Sünde Lohn.

Und die Welt hat applaudiert,
als am Kreuz er starb,
doch den Sieg trug er davon,
verließ das kalte Grab.

Spott und Häme werden stumm,
wenn er einst erscheint.
Zähne klappern wird dann sein
und der Spötter weint.

Dorfgespräch

Jakobus 4, 11-12

So manches, was ein Auge sieht
und falsche Schlüsse daraus zieht,
macht Nächste lächerlich und klein
um selber leidlich groß zu sein.

Auch K., so sei er hier genannt,
fiel den Hyänen in die Hand
und wurde, eigentlich integer,
das Synonym für Schürzenjäger.

Am Bahnhof sah man es genau,
er küsste eine blonde Frau,
die nicht die hübsche Dame war,
einst hingeführt zum Traualtar.

Die Nachbarin, die das erspähte
und zum Skandal die Sache blähte,
die gab am Nachmittag, noch leis´,
den Seitensprung des Nachbarn preis.

So ging die Story ihren Weg
und diente manchem als Beleg,
dass man nur vor die Köpfe schaut
und besser niemand recht vertraut.

Des Abends dann im Turnverein
da galt Herr K. als sehr gemein,
denn Märchen machten flugs die Runden,
von seinen vielen Schäferstunden.

Wer nicht bei Drei auf Bäumen sitzt,
dem hat er einen Kuss stibitzt,
so hieß es hinter hohler Hand,
wenn man ein Rendezvous erfand.

Sie sah ihn hier, er sah in dort,
mit mancher Frau an manchem Ort,
zuletzt hieß er nur Don Juan,
bei Jung und Alt, bei Frau und Mann.

Die beste Freundin von Frau K.,
die schon die Scheidung kommen sah,
beendete den Lügenreigen
um Solidarität zu zeigen.

Frau K. bekam sich nicht mehr ein,
verspottete den Dorfverein,
denn jener blonde Vamp der war:
die jüngste Schwester von Herrn K.

„Das habe ich doch gleich gewusst",
sprach mancher Wendehals voll Frust,
„der K., das ist ein guter Mann,
der keine Fliege töten kann!"

Man grüßt ihn freudig, ohne Scham,
auch wenn man ihm die Ehre nahm.
Man sieht nicht Balken, das ist bitter,
nur in des Nächsten Augen Splitter.

Kleiner Mensch

2.Mose 20,13

Noch ahnt es niemand, kleiner Mensch,
ein Samen traf ein Ei.
Bei diesem größten aller Wunder
trug Gott das Leben bei.

Mit jedem Tag wächst Körper, Geist,
du Gabe unseres Herrn.
Bist wertvoll, bist ein Unikat,
ein heller, neuer Stern.

Was bringst du mit in diese Welt,
was niemand anderer bringt?
Bist du vielleicht der eine Mensch,
der wie kein zweiter singt?

Bist du vielleicht ein Sonnenschein,
ein Chromosom zu viel,
in dem uns Gott ein Beispiel schenkt,
wie er uns Menschen will?

Bist du der Mensch, der heilen kann,
der Krankheiten besiegt,
weil Forscherdrang und Wissensdurst
in seinen Genen liegt?

Bist du der Mensch, der Stadien füllt,
weil du Rekorde brichst
und durch Athletik, Muskelkraft
im Sport als As bestichst?

Bist du der Maler, der der Welt
die schönsten Bilder malt,
für die ein Sammler irgendwann
Millionensummen zahlt?

Bist du der Mensch, der zärtlich pflegt,
der tröstet liebevoll,
der Worte der Ermutigung
in Zeiten spricht von Moll?

Bist du der Mensch, der Wohlstand bringt,
der klug ein Land regiert,
der voller Weisheit, voller Mut,
die Welt zum Frieden führt?

Kleiner Mensch, wo bist du hin?
Ich sehe dich nicht mehr.
Wieso ist dein warmer Ort
plötzlich kalt und leer?

Kleiner Mensch? Kleiner Mensch? +++

Da war einer...

Matthäus 5. 21-48 und 6. 1-34

Da war einer, der tat nicht, was alle tun,
und fragte: „Wie hoch ist mein Lohn?"
Er heilte das Herz, den Körper, den Geist
und nannte sich selbst Gottes Sohn.

Sprach: „Bringt keine Opfer vor den Altar,
habt untereinander ihr Zwist.
versöhnt euch, begrabt euren Zorn, eure Wut,
bevor es zu spät dafür ist.

Schau nicht voller Lust auf des Anderen Frau,
denn dann ist das Herz schon verschmutzt.
Entferne dein Auge, hack ab deine Hand
wenn du sie zur Sünde benutzt.

Sagt ja oder nein, doch seit niemals lau,
das Böse macht alles gern gleich.
Wer auf die Worte des Vaters vertraut,
dem schenkt er das Himmelreich.

Vergeltet nicht Unrecht, das man euch getan,
seid Licht, wenn die Dunkelheit droht.
Nimmt man euch den Mantel, dann gebt auch das Hemd,
helft jedem, der bittet in Not.

Liebt Feinde, betet für sie zu dem Herrn
und nicht nur für die, die ihr liebt.
Schenkt weiter, was Gott schenkt an jedem Tag,
weil er uns bedingungslos gibt.

97

Tut Gutes, erzählt nicht, wie nobel ihr seid,
der Lohn wird von Gott euch gezahlt.
Gebt in aller Stille, denn das ist sein Wunsch,
und nicht, dass ihr heuchlerisch prahlt.

Betet, vergebt, wie der Vater vergibt,
plappert nicht dumm vor euch hin.
Fastet, doch so, dass niemand es merkt,
denn dann ist es nach Gottes Sinn.

Sammelt nicht Geld und Besitz auf der Welt,
wie schnell ist das Leben vorbei.
Sammelt euch Schätze in Herzen und Geist,
nur das macht ein Gotteskind frei.

Sorget euch nicht, was morgen wohl ist,
schaut auf die Vögel im Feld.
Jeden Tag sorgt der Schöpfer für sie,
sie haben Besitz nicht noch Geld.

Schaut auf die Blumen, sie sind wunderschön,
doch einen Tag später verblüht.
So wie für sie, sorgt der Herr für den Mensch,
der selber sich fruchtlos bemüht.

Schaut auf die Balken im Auge bei euch,
bevor ihr den Splitter entdeckt,
der bei jedem Menschen im Herz
und oft auch im Auge steckt."

Da war einer, der nicht tat, was alle tun,
nicht fragte: „Was ist denn mein Lohn?"
Der ging für die Sünden der Menschen ans Kreuz.
Wahrhaftig! Er ist Gottes Sohn!

Schwerter zu Pflugscharen

Micha 4,3

Sie bauen einen Töter.
Du kennst den Töter nicht?
Das ist die neue Waffe,
die noch mehr Tod verspricht.

Sie findet viele Käufer,
denn Töten bietet Macht.
Das freut die Waffenlobby,
die über Mahner lacht.

Der Töter kommt zum Einsatz,
er tötet und zerstört
und wenn er mal nicht tötet,
so hat er trotzdem Wert.

Denn wird der Mensch getroffen,
doch ist er nur verletzt,
dann sagt die Töterfirma:
„Nicht schlimm, wir helfen jetzt."

Wir liefern die Geräte
zum Einsatz im OP,
zum Abtransport Verletzter
auch noch den LKW.

Wir bringen euch Prothesen
und zusätzlich Knowhow,
für die zerstörten Städte,
das Material zum Bau.

Das nennt man Wirtschaftskreislauf.
Geschäfte mit dem Tod.
Es bringt den Reichen Wohlstand,
den Armen Leid und Not.

Am Jüngsten Tag

Johannes 3,16-21

Hier stehe ich Herr, die Hände leer,
die Schultern krumm, von Sünden schwer.

Hier stehe ich Herr, nichts Gutes im Sinn
und lege die Schuld ganz vor dich hin.

Hier stehe ich Herr, vor dem Gericht
und was ich auch tat, es rettet mich nicht.

Hier stehe ich Herr, bin völlig verloren,
doch durch deine Liebe wiedergeboren.

Hier stehe ich Herr, nichts bleibt verborgen,
doch du schenkst unverdient neues Morgen.

Hier stehe ich Herr du sprichst mich los.
Wer schenkt uns Gnade, so unendlich groß?

Hier stehe ich Herr und beuge die Knie.
Wer dich nicht erkennt, erkennt Leben nie.

Hier stehe ich Herr vor deiner Tür,
du sprichst voller Liebe: Komm rein zu mir.

Lebendiges Wasser

Matthäus 11, 28-29

Es geht ein Mensch auf dünnem Eis
und hört, es knackt und knistert leis´.
Sein Glauben, einst sein Fels im Leben,
der scheint ihm kaum noch Halt zu geben.

Probleme, Sorgen, Ärger, Leid,
die rauben ihm Vertrauen, Zeit.
Gebete, scheinbar unerhört,
sind, was an seinem Glauben zehrt.

Er kämpft mit hätte, wenn und wäre,
versagt dem Herrgott dessen Ehre,
entzieht dem Schöpfer das Vertrauen,
um selbst sich Lösungen zu bauen.

So bleibt es Flickwerk ohne Halt,
das Fundament bricht ein schon bald.
Ob Menschen, Dinge oder Geld,
es sind halt Krücken dieser Welt.

Am Tiefpunkt sieht der Mensch dann wieder,
und kniet vor Jesus Christus nieder:
Wer ihm sein Leben anvertraut,
der hat es nicht auf Sand gebaut.

Wie Petrus kann der Mensch nun sehen,
zu niemand anderem muss man gehen.
Nur Jesus schenkt das wahre Leben,
nur er kann Ewigkeit uns geben.

Sind Wege auch oft unverständlich,
erkennt beim Rückblick mancher endlich,
wenn durch das Leben Stürme toben,
schaut einer liebevoll von oben.

Wir sehen von dem Teppich nur,
das Chaos von der Fadenspur,
doch Gott zeigt uns die andere Seite,
mit Mustern voller Schönheit, Weite.

Selbst wenn das Eis im Leben bricht,
bleibst du im Herrn, versinkst du nicht.
Die Menschen, die auf Jesus sehen,
die werden über´s Wasser gehen.

Der Herr, er reicht dir seine Hand,
er heilt, berührst du sein Gewand,
er tröstet in der Trauerzeit,
er trägt durch Elend, Not und Leid.

Wer denkt sein Leben sei verloren,
wird durch Erlösung neugeboren,
der darf die Sünden übergeben,
bekommt von Jesus neues Leben.

Er ist das Wasser und das Brot,
das jeden sättigt in der Not
und rufst du ihn, ist er bereit,
verpasse nicht die Gnadenzeit.

Jesus wurde, was du bist, damit du wirst, was er ist.

Jesus Christus, ich bin ein Sünder und brauche die Vergebung meiner Sünden. Ich glaube, dass du meine Schuld am Kreuz von Golgatha getragen hast.
Ich möchte dieses sündige Leben hinter mir lassen und neu beginnen. Ich glaube, dass das nur mit dir zu verwirklichen ist. Komm in mein Herz und mein Leben.
Dir will ich den Rest meines Lebens folgen.

Wenn du mit deinem Mund bekennst, dass Jesus der Herr ist, und wenn du in deinem Herzen glaubst, dass Gott ihn von den Toten auferweckt hat, wirst du gerettet werden. Denn durch den Glauben in deinem Herzen wirst du vor Gott gerecht, und durch das Bekenntnis deines Mundes wirst du gerettet.

Römer 10, Verse 9-10